तुम्हारी कसम

ग़ज़लांजलि

अनुज चतुर्वेदी 'अनुभव'

मेरी यह ग़ज़लांजलि

'तुम्हारी कसम'

समर्पित है,

युवा अहसासों के प्रति

संवेदनशील

और भावुक

हृदयों के स्पंदन को....

अनुज चतुर्वेदी 'अनुभव'

क्रम-सूची

क्रम-सूची

प्रस्तावना

अनुज चतुर्वेदी "अनुभव "एक नवोदित प्रतिभा है। संयोग से सृजन शक्ति इन्हें विरासत में ही प्राप्त हुई है ।इनके दादाश्री हरिदत्त चतुर्वेदी "हरीश"के भगवा -ध्वज खंडकाव्य, इनके पिताश्री आचार्य नीरज शास्त्री की कृति रिश्तों के मान तथा अनुज अनुभव' का बाल कविता संग्रह ऊंच-नीच का फाफड़ा भी मेरे समक्ष अपने उदगार व्यक्त करने के लिए आया था और मेरा अपना सौभाग्य कि इन तीन पीढ़ियों की कृतियों पर मैंने अपने उदगार भी व्यक्त किए थे ।

इसी श्रृंखला में अनुज की यह आगामी कृति 'तुम्हारी कसम' पर भी मुझे भूमिका लिखने का अवसर प्राप्त हुआ है ।

तुम्हारी कसम शीर्षक से यह कृति गजलांजलि प्रकाशित होने को है । यदि इस कृति की प्रथम मां वीणापाणि की वंदना का ही रसास्वादन किया जाए तो ग़ज़ल की शिल्प -शैली का एक उत्तम उद्वरण मिलता है ।

आगे ग़ज़लों को पढ़ा जाए तो कहा जा सकता है कि प्रेम की अनुभूति का शब्दांकन किया जाना कोई सामान्य बात नहीं है, उम्र और उसके साथ जुड़े अनुभव से ग़ज़ल कहना भी दुष्कर है किंतु अनुज की कई गजलें बहुत ही मर्मस्पर्शी और अनुकरणीय बन पड़ी हैं । अनुज की अधिकांश गजलों में प्रेमातुर संदर्भ मिलता है, इसके साथ ही कुछ अनुभवजन्य भावनाओं को नजरअंदाज नहीं किया जा सकता । ग़ज़ल की शिल्प- शैली बहर गति -लय अर्कान आदि का लहजा ही उसके प्राण होते हैं । अनुज ने उसका बहुत हद तक निर्वहन किया है ।

मैं और अधिक न कहकर इस प्रतिभा संपन्न बाल शायर का ही अश्आर पेश करता हूँ --

जादू मेरा चल जाए ।

दीप प्यार का जल जाए।

बने राम का मन मंदिर ,

मन का भरम निकल जाए।

प्यार 'अनुज'का सच्चा है,

पुष्पित होकर फल जाए ।

अनुज को मेरा ढेरों शुभाशीष ! साथ ही आशान्वित हूँ कि प्रबुद्ध पाठकगणों का स्नेह भी इस बाल शायर को प्राप्त होगा।

डॉ राजेंद्र मिलन

मिलन मंजरी,आजादनगर,खंदारी, आगरा-2

भूमिका

बालकवि अनुज चतुर्वेदी 'अनुभव' के द्वारा रचित ग़ज़ल संग्रह 'तुम्हारी कसम' की पांडुलिपि पढ़ने को मिली। इस कृति का प्राक्कथन लिखने का भी अवसर मिला। 'अनुभव' द्वारा लिखित ग़ज़लें पढ़ते ही मन प्रफुल्लित हो उठा। ये सभी गजलें कवि के काल्पनिक प्रेम के आधार पर अत्यंत भावपूर्ण सिद्ध हुई हैं। उदाहरण देखिए-

"तेरा मेरा रिश्ता है कितना सच्चा।

प्रेम गीत का सार तुम्हारी आंखों में ।।"

सभी गजलें प्यार से पूरित एवं सरस हैं ।प्यार को प्रदर्शित करते हुए इस किशोर कवि की कल्पना सराहने योग्य है। जैसे-

"उसके जाने की खबर सुनी।

मैं अंदर- अंदर टूट गया ।।"

** ** **

"जो ख्वाब सजाया हर लम्हे।

वह ख्वाब हमारा टूट गया ।।"

इतनी छोटी उम्र में इस किशोर कवि 'अनुभव' ने बड़े ही श्रम से अपनी कल्पना को शब्दायित किया है।

इस संग्रह में कवि की अठारह ग़ज़लें हैं जो प्रेम के हर आयाम को छूती हैं। ये किशोर वय के अहसासों का निरूपण है।

मैं इस किशोर कवि अनुज चतुर्वेदी 'अनुभव' को हार्दिक स्नेहपूर्ण आशीर्वाद देता हूं कि ईश्वर उन्हें दीर्घायु करें एवं उन्हें लेखन की सफलता के चरमोत्कर्ष पर पहुंचने में सहायता करें।

- पं. हरिदत्त चतुर्वेदी 'हरीश'

संरक्षक - श्याम कला मंडल,

महानगर - मथुरा- वृन्दावन

पावती (स्वीकृति)

सम्मतियां-

काव्य जगत में निरंतर प्रयासरत रहते हुए अपनी प्रतिभा का जनमानस में प्रसार करके कीर्ति प्राप्त करते रहना ही एक सच्चे कवि की उपलब्धि होती है ।वही उपलब्धि और लगन बाल कवि के रूप में प्रिय अनुज में आलोकित है ।

मैं आशा ही नहीं पूरे विश्वास के साथ कहता हूं कि यह अपने कला कौशल से जनमानस को प्रभावित कर स्वयं को उच्च शिखर पर पहुंचने में सफल होंगे।

मेरा इनके लिए पूर्ण सहयोग और आशीर्वाद सदैव रहेगा।

पं. हरीश चतुर्वेदी 'हरीश'

संरक्षक-

श्याम कला मंडल, मथुरा

***

चि. अनुज वशिष्ठ ' अनुभव' को उज्जवल भविष्य की हार्दिक शुभकामनाएं
शीलेन्द्र कुमार वशिष्ठ, आगरा

***

चिरंजीव अनुज ' अनुभव '(भावी कवि) को शुभ आशीष सहित अनंत शुभकामनाएं।

मिटा दो तम मिटा सकोगे

तुम अभी जवान हो ।

उठा लो ग़म उठा सकोगे
तुम अभी जवान हो।
बढ़ी उमर झुकी कमर
गजब हुआ ! गजब हुआ !
लगा दो दम लगा सकोगे
तुम अभी जवान हो।।
डॉ. राजेन्द्र मिलन, आगरा

***

चिरंजीव अनुज को सप्रेम शुभकामनाएं ।
सुनहरी रोशनाई सी
चमकती जिंदगानी हो ।
कि सूरज रश्क करता हो
तुम्हें वो नूर मिल जाए ।।
भरतदीप माथुर, आगरा

***

चिरंजीव अनुज को शुभ आशीष।
संघर्ष करो सफलता एक दिन कदम चूमेगी ।
रमेश आनंद, आगरा

***

दो चीजें कभी बेकार नहीं जाती , पहली है शिक्षा और दूसरी मेहनत।
शिक्षा अर्जित करो! मेहनत करो! निरंतर सीखने की प्रवृत्ति रखो!
स्व. एस. एस. यादव, आगरा

***

जमीन पैदा कर तू आसमान पैदा कर।
तू अपने रास्ते खुद एक जहान पैदा कर ।।
पनाह मांगने लग जाए आसमां खुद ही
परों में अपने तू ऐसी उड़ान पैदा कर ।।

सुशील सरित, आगरा

***

प्रिय सुकवि अनुज चतुर्वेदी 'अनुभव' के उज्ज्वल भविष्य के लिए भूरि - भूरि आशीष।

एलेश अवस्थी, आगरा

***

एक नेक इंसान बनने की प्रक्रिया में सतत गतिमान रहो।

डॉ दिनेश पाठक 'शशि'

प्रधान संपादक- सम्यक्

मथुरा

***

बालकवि अनुज को सस्नेह आशीष।

मैल मन से निकालना होगा ।

सद्भाव पालना होगा।

आने वाले युग में निश्चय ही-

देश तुमको संभालना होगा ।।

भावी साहित्य के महान दर्पण की तुममें सुंदर तस्वीर दिखती है।

श्रीमती मंगेशलता श्रीवास्तव 'लता श्री'

लखनऊ

***

तुम्हारी लेखनी सही दिशा में चल रही है।

नीलम राकेश, लखनऊ

***

प्रिय अनुज!

आपका भविष्य उज्जवल हो ।

आप देश के भावी कर्णधार हो ।

साहित्य सेवा में आपकी रूचि निरंतर बनी रहे ।

अनंत शुभकामनाएं।

सदा प्रसन्न रहो ।

पावती (स्वीकृति)

राम सिंह 'साद', मथुरा

आमुख

बचपन से ही कविता का शौक था। कविता पढ़ना , कविता लिखना मुझे बहुत अच्छा लगता था। इसका कारण यह है कि मेरा जन्म एक खानदानी साहित्यिक परिवार में हुआ । मेरे दादाजी श्री हरि दत्त चतुर्वेदी 'हरीश' ब्रजभाषा के ख्याति प्राप्त विद्वान हैं। छंद विधान और छंद रचना में उनकी सानी नहीं है। मेरे पिता आचार्य नीरज शास्त्री का नाम हिंदी साहित्य के विशिष्ट रचनाकारों में प्रमुख है। घर में पहले से ही साहित्यकारों का आना जाना लगा रहता है तथा साहित्यिक गोष्ठियों का दौर भी चलता रहता है। ऐसे साहित्यिक परिवेश में मैं भला कविता से अछूता कैसे रह सकता था। मुझसे पहले मेरे बड़े भाई श्री मनोज चतुर्वेदी भारत के भी एक बाल कविताओं का संग्रह अक्कड़ बक्कड़ प्रकाशित हो चुका था इसलिए मैं भी कविता की ओर अग्रसर हो रहा था।

मुझे सुबह देर तक सोने की आदत थी और तब सात वर्ष की अवस्था में एक गौरैया रोजाना मेरे पास आती थी। जब मैं जागता था तब तक वह उड़ जाती थी। सबसे पहली कविता मैंने उस गौरैया को देखकर लिखी, जो इस प्रकार है-

" रोज सवेरे गौरैया मेरे आंगन में आती है ।

प्यारे चुन्नू जग जाओ यह कह कर मुझे जगाती है ।

यह सुनकर मैं जग जाता हूं, उसे ढूंढने जाता हूं।

इतने में छोटी गौरैया फुर्र- फुर्र उड़ जाती है।।"

इस कविता के लिए मेरे दादाजी ने मुझे ₹11/- तथा पिताजी ने ₹21/- का पुरस्कार दिया। इससे मेरा मनोबल बढ़ा। सुप्रसिद्ध साहित्यकार आदरणीय डॉ दिनेश पाठक'शशि'जी, दादा डा. राजेंद्र मिलन जी, डॉ. रामनिवास शर्मा 'अधीर' जी का शुभाशीष प्राप्त हुआ।

आगरा कॉलेज के मैदान में हुए कवि सम्मेलन में आदरणीय श्री सुशील जी सरित, श्री परमानंद शर्मा जी आदरणीया रानी श्रीमती सरोज गौरिहार जी से भी प्रोत्साहन प्राप्त हुआ । लखनऊ की श्रीमती लता श्री

जी, मुरादाबाद के श्री राजीव सक्सेना जी , आदरणीय डॉ राकेश चक्र जी, लखनऊ की सुप्रसिद्ध साहित्यकार आदरणीय श्रीमती नीलम राकेश जी व डॉ. अमिता दुबे जी, श्री सत्येंद्र सिंह जी, इगलास (अलीगढ़) के श्री गाफिल स्वामी जी तथा नोएडा के श्री तोताराम सरस्वती का भी भरपूर आशीर्वाद मिला।

किशोरावस्था की दहलीज पर कदम रखते हुए तथा विभिन्न कवि - शायरों की गजल पढ़ते हुए गजल रचना आरंभ की। मार्गदर्शक की तरह मेरे पिता श्री आचार्य नीरज शास्त्री जी का सहयोग व प्रोत्साहन निरंतर प्राप्त होता रहा है, जिसके परिणाम स्वरूप मैंने अपने अंतर्मन की भावनाओं को आपके सामने रखा

है ।

जब मेरी इच्छा इन रचनाओं को पाठकों के समक्ष पुस्तक रूप में पहुंचाने की हुई तो मेरे पास पुस्तक के दो शीर्षक थे, पहला- 'तुम्हारी कसम' और दूसरा - 'नदी के किनारे'। इन दोनों में से किसी एक को चुनने के लिए मैंने 20 साहित्यिक रुचि वाले व्यक्तियों से वोटिंग कराई, जिसमें तुम्हारी कसम को दस और नदी के किनारे को 6 वोट मिले तथा 4 वोट दोनों को संयुक्त मिले। अतः मैंने इस पुस्तक का नाम 'तुम्हारी कसम' रखा। इस तरह यह ग़ज़लांजलि आपके हाथों में है।

इसके लिए मैं उपरोक्त सभी मार्गदर्शक, प्रेरणा स्रोतों और अपने श्रद्धेय स्वजनों के साथ ही अपनी मां श्रीमती पूनम शास्त्री, तुलसी साहित्य संस्कृति अकादमी के सचिव डॉ. धनंजय तिवारी जी, कोषाध्यक्ष श्री अनुराग मिश्र जी, श्री पीयूष द्विवेदी जी, श्री साहब सिंह बिधूड़ी (प्रधान) जी , श्रीमती अवंतिका शर्मा जी एवं अपने भाई मनुज चतुर्वेदी 'भारत' आदि का हृदय से आभार व्यक्त करता हूं । साथ ही आशा करता हूं कि आपको यह पुस्तक पसंद आएगी और आप मेरा उत्साहवर्धन करेंगे।

आपका अपना

अनुज चतुर्वेदी 'अनुभव'

1. वंदना

मां शारदे

वंदना

करुणामई मां मेरी शारदे।
ममतामई मां हमें तार दे।।
आये हैं तेरी शरण में शुभा।
जगदंबा हमको अटल प्यार दे ।।
दुर्गा भी तुम हो तुम ही भवानी।
मेरी लेखनी को विमल धार दे ।।
मिट जाएं मन के गहनतम कलुष।
वीणा की मधुरिम झनकार दे।।
सुत हूं तुम्हारा परम प्रिय 'अनुज'।
भव सिंधु से अब कर पार दे।।

2. इंतजार करता हूं

इंतजार

घावों पर नमक रखते तेरा इंतजार करता हूं ।
समझ ले अब तो हरजाई मैं कितना प्यार करता हूं।।
रोता हूं, विलखता हूं ,तड़पता हूं बिना तेरे ।
मैं तुमसे अपनी उल्फत का सनम इजहार करता हूं।।
जबसे तुझको जाना है, खुदा बस तुझको माना है।
मैं आंखें बंद करके भी तेरा दीदार करता हूं।।
ना खाता हूं , न पीता हूं , बस जख्मों को सीता हूं।
तुमसे दूर जाने से मगर इनकार करता हूं।।
पाना चाहता हूं मैं इसी जीवन में तुमको यूं।
इबादत रोज करता हूं औ व्रत व्यवहार करता हूं।।

3. जैसे कोई ताजमहल

Enter Caption

लगती है तो सुंदर चंचल जैसे कोई ताजमहल।
प्यार की मूरत भोली सूरत जैसे कोई ताजमहल।।
रहती है तू बन ठन के यू जैसे हूर हो जन्नत की।
प्रिय तेरा श्रृंगार है ऐसा जैसे कोई ताजमहल।।
रहती है तू मेरे दिल में दिल के हर अफसाने में।
लम्हा- लम्हा तू है रोशन जैसे कोई ताजमहल।।
तेरे - मेरे प्यार के किस्से दुनिया में चर्चित होंगे।
बात चलेगी गुलशन- गुलशन जैसे कोई ताजमहल।।
तू मेरी आंखों में बस के दूर नहीं हो जाना प्रिय।
तुझसे ही है दिल की धड़कन जैसे कोई ताजमहल।।

4. जादू मेरा चल जाए

जादू मेरा

जादू मेरा चल जाए ।
दीप प्यार का जल जाए।।
दिल मेरा यह कहता है ।
प्यार किसी का मिल जाए ।।
बने राम का मन मंदिर।
मन का भरम निकल जाए ।।
जहर भरी है यह दुनिया।
फूल प्रेम का खिल जाए।।
प्यार अनुज का सच्चा है।
पुष्पित होकर फल जाए।।

5. दर्द से दिल बेखबर है

दर्द से दिल बेखबर है

दर्द से दिल बेखबर है।
सारी दुनिया से निडर है।।
दर्द दे देना ना किसी को।
दर्द मातम है कहर है।।
प्यार पाना जिंदगी में।
प्यार बिना जीवन ज़हर है।।
प्यार की बातें करो बस।
प्यार एक सुंदर लहर है।।
'अनुज' जीवन की दिवस में।
प्यार ही सुंदर सहर है।।

6. जबसे देखा उन्हें

जबसे देखा उन्हें

जबसे देखा उन्हें दिल में हलचल हुई
उल्फत के चिरागदान जलने लगे ।
एक मादक हंसी दिल पर दस्तक हुई
आंखों में अजनबी ख्वाब पलने लगे ।।
झील सी आंखों में अश्क घिरने लगे
अलकें जैसे कि काली घटा हो गईं।
उनके कदमों की आहट ने जादू किया
प्यार की राह पर हम भी चलने लगे।।
बोली उनकी मधुर चाल उनकी चपल
भोली सूरत थी जिस पर कि दिल आ गया।
कोई नहीं और उनसा हंसीं
चांदनी को भी आंसू छलने लगे।।
मुस्कुराहट भरी प्यारी नाजुक हंसी
देखकर उनको चंदा भी शरमा गया।
उनके गालों की लाली ऐसी लगी
हम भी चेहरे पर उबटन मलने लगे।।
इस कदर उनसे मिलने को बेचैन थे
रात दिन का हमें कुछ पता ही नहीं।।
हम थामे रहे खुद का दामन मगर
अरमान दिल के मचलने लगे।।

7. बिकता नहीं हूं

बिकता नहीं हूं

दुख दर्द अपने मैं लिखता नहीं हूं।
मैं रोता हूं तुमको देखता नहीं हूं ।।

अमीरों की महफिल से डरता हूं यारो।
दौलत की खातिर मैं बिकता नहीं हूं ।।
जो कहते थे जीते हैं हम तेरी खातिर ।
उन्हें आजकल क्यों मैं देखता नहीं हूं ।।
पैसे का पर्दा है उन मोहतरम का।
मैं उसकी खातिर विलखता नहीं हूं।।
'अनुज' हूं अनुज ही रहूंगा सदा।
मैं बड़ों की कतारों में दिखता नहीं हूं।।

८. जाने क्यों

जाने क्यों

जाने क्यों मुझसे रूठ गया।
अपना था जो क्यों छूट गया।।

मेरे जीवन का रखवाला ।
क्यों मेरे सुख को लूट गया ।।
उसके जाने की खबर सुनी।
मैं अंदर अंदर टूट गया।।
इक ख्वाब सजाया हर लम्हे ।
वो ख्वाब हमारा टूट गया ।।
बस चाह मिलन की शेष रही ।
मधुकलश सुहाना फूट गया।।

९. छला जाऊंगा

छला जाऊंगा

यहां रुका और तो मैं छला जाऊंगा।
इससे बेहतर कहीं भी चला जाऊंगा ।।

उनसे मिलना तो चाहा है दिल ने मगर।
अब उनसे मिला तो तला जाऊंगा ।।
याद करने से उसको भी क्या फायदा ।
उसका दामन मैं खुद ही जला जाऊंगा।।
कोशिशें तो बहुत कीं पाने की उसको।
बिना हासिल किए ले गिला जाऊंगा।।
वो सितमगर सितम पर सितम ही करे।
मैं चंदन सा कब तक मला जाऊंगा।।

10. तुम्हारी आंखों में

तुम्हारी आंखों में

देखा जब सरकार तुम्हारी आंखों में।
हमने पाया प्यार तुम्हारी आंखों में ।।
दिल की दिल से बात करें कैसे दिलवर।
देखा है मझधार तुम्हारी आंखों में।।
तेरा मेरा रिश्ता है कितना सच्चा।
प्रीति ग़ज़ल का सार तुम्हारी आंखों में।।
तेरे दिल में आज तलक मैंने देखा ।
उल्फत का बाजार तुम्हारी आंखों में ।।
दिल का दिल से मिलन हुआ है आज प्रिये।
सांसो का व्यापार तुम्हारी आंखों में।।

11. दूरी रही

दूरी रही

वफा से सनम की यूं दूरी रही।
कहानी हमारी अधूरी रही।।
सितमगर को माना था हमने खुदा।

उन्हें सिर्फ दौलत जरूरी रही।।
बेवफा हो गया चाहे अपना सनम ।
मगर हमको उल्फत जरूरी रही ।।
कोई दुख ना हो मेरे दिलवर तुझे।
कोशिश यही मेरी पूरी रही ।।
'अनुज' तू न समझा दस्तूर है यह।
सनम बेवफा थी गुरूरी रही।।

12. हम नहीं भूले

हम नहीं भूले

प्यार के कुछ बोल कहना हम नहीं भूले।
घाव पर मरहम को रखना हम नहीं भूले।।
लेखनी अब तक रुकी है सोच कर हरगिज।
नापाक की औकात लिखना नहीं भूले।।
लफ्ज़ हैं खामोश अपने कुछ नहीं कहते।

वीरता के पाठ लिखना हम नहीं भूले।।
सोचना मत हो गए हम आज बेगम यूं।
नीति या मरजाद रखना हम नहीं भूले।।
मत करो कोशिश 'अनुज' से जूझने की अब।
जालिमों के पर कतरना हम नहीं भूले।।

वीरता के पाठ लिखना हम नहीं भूले।।
सोचना मत हो गए हम आज बेगम यूं।
नीति या मरजाद रखना हम नहीं भूले।।
मत करो कोशिश 'अनुज' से जूझने की अब।

13. उनकी आंखों में

उनकी आंखों में

उनकी आंखों में सुबह शाम देखी है।
जिंदगी उनकी हमारे नाम देखी है ।।
तोड़ा है जिसने दिल उसको पता नहीं ।
दवा ए दर्द हमने झंडू बाम देखी है ।।
उसकी मुस्कुराती सूरत को क्या कहें ।
लगे जैसे तीरथ धाम देखी है।।
उसकी आंखों से छलके प्यार का सागर ।
सागर में गहराई तमाम देखी है।।

14. दो कदम चला

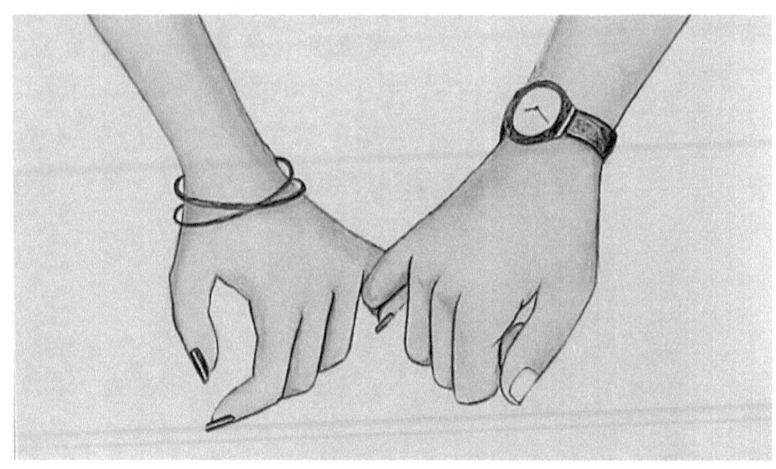

दो कदम चला

दो कदम चला पर भटक गया,
तब एक उंगली ने थाम लिया।
मेरे गिरकर उठ जाने तक ,
उस उंगली ने साथ दिया ।।
आज बड़ा हो गया हूं शायद ,
इसलिए लिए उंगली छूटी।
मेरे अंदर के गुरुर ने,
उसे अधर में छोड़ दिया।।
मैंने जब जब ठोकर खाई ,
मुझे यही एहसास हुआ ।

अपने पापा के साए में ,
मैंने यह संसार जिया ।।
चाहे दूर हुआ हूं बेशक ,
आशीष पिता का सर पर है।
रोता हूं तो यह लगता है ,
फिर पापा ने प्यार किया।।
मैं हूं जो कुछ वह मैं कब हूं ,
सब पापा का कर्जा है ।
पापा के कदमों में दुनिया,
है मैंने यह मान लिया।।

15. बहाना है

बहाना है

तुमसे बात करना तो बहाना है।
हकीकत में हमें दिल लगाना है ।।
कहते हैं लोग मुझसे मत कर मोहब्बत।
इस तरह दिल का खिलौना टूट जाना है ।।

मीत धोखा ही मिलेगा तुझे इश्क में ।
भूल मत यह कि जालिम जमाना है।।
मत कर बेवजह गलतियां इस कदर ।
मिलता किस्मत से यारों का जाना है ।।
तोड़ देगी माशूक शीशा ए दिल ।
कहेगी कि शादी है तुम्हें आना है।।

मीत धोखा ही मिलेगा तुझे इश्क में ।
भूल मत यह कि जालिम जमाना है।।
मत कर बेवजह गलतियां इस कदर ।
मिलता किस्मत से यारों का जाना है ।।

16. जमाने भर की मायूसी

जमाने भर की मायूसी

जमाने भर की मायूसी लबों पर थाम बैठे हैं ।
दीवाने यार मिलकर के दीवाने आम बैठे हैं।।

ये केवल उनका दिल जाने कि कितना दर्द सहते हैं।
जमाना सोचता है यह कि पीकर जाम बैठे हैं।।
दीवानों की जुबानी एक अलबेली कहानी है।
कितने धोखे खाए हैं जो तीर्थधाम बैठे हैं।।
कोई प्रेमी कोई आशिक कोई कहता है दीवाना।
न जाने और कितने ये लेकर नाम बैठे हैं ।।
कहां बच पाएंगे देखो सितम से ये जमाने में।
सितमगर का सितम झेले लगाए बाम बैठे हैं।।

17. याद है

याद है

वो नगर वो गली वो घर याद है ।
वो प्रेम की पावन डगर याद है ।।
याद हैं तेरे वो सावन के झूले।
झूलों पे बीता सहर याद है ।।
वो ग़ज़लें तेरी वो रूबाइयां।
वो गजलों की सुंदर बहर याद है।।
याद हैं तेरी मोहब्बत से भरी बातें।
मोहब्बत में किया हर कहर याद है।।
याद है मातम वो मेरे गीत का।
वो जालिम तुम्हारा जहर याद है।।

18. बताओ सनम

बताओ सनम

बताओ सनम तुम क्या उनसे कहोगे ।
सनम तुम खफा हो क्या उनसे कहोगे ।।

क्यों हमसे कहोगे मोहब्बत है बेजां।
करो मत मोहब्बत क्या उनसे कहोगे ।।
क्या उनसे कहोगे कि तुम बेवफा थे।
वफा कर सके ना क्या उनसे कहोगे ।।
क्या उनसे कहोगे तुम्हारी खता है ।
खता ही नहीं है क्या उनसे कहोगे ।।
क्या उनसे कहोगे रज़ा थी खुदा की।
रजा थी तुम्हारी क्या उनसे कहोगे।।

19. मेरे दिल में

मेरे दिल में

मेरे दिल में छुपा है क्या बता दूं क्या सनम तुमको।

मोहब्बत करता हूं कितनी बता दूं क्या सनम तुमको।।
मेरे दिल में बसे हो तुम मेरी हर सांस में तुम हो।
मेरे जीवन में तुम हो क्या बता दूं क्या सनम तुमको।।
तेरी आंखों में आंसू हैं मेरे चेहरे पे उलझन है।
ये आंसू कह रहे हैं क्या बता दूं क्या सनम तुमको।।
निकाला तूने जब दिल से कहां भटके कहां पहुंचे।
कितनी ठोकरें खाईं बता दूं क्या सनम तुमको।।
क्यूं हमने छोड़ दी दुनिया तेरी आंखों में देखा जब।
तेरे मन में छुपा था क्या बता दूं क्या सनम तुमको।।

20. तुम्हारी ओर देखा क्यूं

तुम्हारी ओर देखा क्यूं

दीवानों ने ग़ज़ल सुनकर तुम्हारी ओर देखा क्यूं।
टूटे दिल का इक टुकड़ा तुम्हारी ओर फेंका क्यूं।।
मेरे दिलवर न जानो तुम वफा गुम है ज़माने से।
लहू से खींच दी तुमने हमारी ओर रेखा क्यूं।।
नहीं मालूम तुम्हें कितने मिले हैं धोखे दुनिया से।
हमारी ओर खिसकाया उल्फत का ये लेखा क्यूं।।
मिला धोखा ही अपनों से हमें उपहार में अब तक।
प्रियवर ने ही कर डाला प्रिया से और धोखा क्यूं।।
मिलाओ दिल से दिल दिलवर बताओ फिर ग़ज़ल कहकर।
बिना कारण उछाला है हमारी ओर सिक्का क्यूं।।

21. नदी के किनारे

नदी के किनारे

खड़ा हूं वहीं पर नदी के किनारे ।
निशां है जहां पर हमारे तुम्हारे।।
हम तुम्हें देखकर चाहे जीते रहे।
तुम्हारी कसम तुम हुए ना हमारे।।

22. नसीबो में क्या है

नसीबो में क्या है

नसीबो में क्या है हमारे तुम्हारे।
बहारें भी आई दिखे ना नजारे ।।

तुम्हारे सिवा मेरा कोई नहीं था।
तुम्हारी कसम तुम हुए ना हमारे।।

23. दिल में हमारे

Enter Caption

रहते हो अब तक दिल में हमारे।

मगर मैं कहां था उर में तुम्हारे ।।
तुम्हारी नजर में तो तुम ही ख़ुदा थे।
तुम्हारी कसम तुम हुए ना हमारे।।

मगर मैं कहां था उर में तुम्हारे ।।
तुम्हारी नजर में तो तुम ही ख़ुदा थे।
तुम्हारी कसम तुम हुए ना हमारे।।

24. तुम हुए ना हमारे

तुम हुए ना हमारे

हमदम के सपनों के हर पल सहारे।
जिए कैसे उल्फत में आशिक बेचारे ।।
नैनों में तुमको बसा कर रखा था।
तुम्हारी कसम तुम हुए ना हमारे।।

हमदम के सपनों के हर पल सहारे।
जिए कैसे उल्फत में आशिक बेचारे ।।

25. हम जानते हैं

हम जानते हैं

तेरी मुहब्बत को हम जानते हैं।
फिर भी खुदा हम तुम्हें मानते हैं।

तुम चाहे करते हो हर पल दगा -
हम इश्क़ करने की ज़िद ठानते हैं।।

तुम चाहे करते हो हर पल दगा -
हम इश्क़ करने की ज़िद ठानते हैं।।

26. थोड़ा मेरे साथ चलो

थोड़ा मेरे साथ चलो

थोड़ा मेरे साथ चलो गर साथी मुझे सहारा होगा।
थोड़ा सा ही भंवर शेष है थोड़ी दूर किनारा होगा।
तुम मानो या ना मानो पर मैंने दिल से चाहा तुमको-
हर दिन नीलम वातायन में मैंने तुम्हें निहारा होगा।।

27. आप सनम

आप सनम

आप सनम ईद के चांद हो गये।
मुझको किताब से याद हो गये।
हमने की आपसे बेइंतहा उल्फत-

बर्बाद कर हमें क्यूं आवाद हो गये।।

 28. तू ही तू

तू ही तू

मैं मानस हूं तो गीता का पावन सार तू ही तू।
मेरी उल्फत के नग़मों का सनम आधार तू ही तू।

ढूंढ़ा ईश को मैंने भले चारों दिशाओं में-
मेरे प्रीतम मगर मुझको मिला हर बार तू ही तू।।

ढूंढ़ा ईश को मैंने भले चारों दिशाओं में-
मेरे प्रीतम मगर मुझको मिला हर बार तू ही तू।।

29. बादल हुए हैं

बादल हुए हैं

करके इश्क तुमसे घायल हुए हैं ।
शायर से अब हम पागल हुए हैं ।
धोखा दिया जो सनम तुमने हमको -
नयन नम हुए और बादल हुए हैं।।

30. चांद सा मुखड़ा

चांद सा मुखड़ा

दीवाना कर दिया हमको दिखा कर चांद सा मुखड़ा।

क्यों खेला मेरे इस दिल से दिखाकर चांद सा मुखड़ा।
तुम्हारी इस मोहब्बत में हम ही हो गए आशिक-
न जाने और कितना को दिखाया चांद सा मुखड़ा।।

क्यों खेला मेरे इस दिल से दिखाकर चांद सा मुखड़ा।
तुम्हारी इस मोहब्बत में हम ही हो गए आशिक-
न जाने और कितना को दिखाया चांद सा मुखड़ा।।

संक्षिप्त परिचय

- नाम-अनुज चतुर्वेदी 'अनुभव'
- माता- श्रीमती पूनम चतुर्वेदी पिता- आचार्य नीरज शास्त्री
- जन्म तिथि- 17/03/2007 (आगरा)
- शिक्षा-कक्षा नवम् में अध्ययनरत।
- प्रकाशन एवं प्रसारण- विभिन्न पत्र पत्रिकाएं एवं काव्य मंच।
- प्रकाशित कृति- 'ऊंच नींच का फाफड़ा'(बाल कविता संग्रह)।
- बाल सदस्य- तुलसी साहित्य संस्कृति अकादमी, मथुरा।
- पुरस्कार/ सम्मान-
- 1- डॉ रमन दास पंड्या स्मृति साहित्य पुरस्कार-2015
- 2- स्वरचित काव्य पाठ पुरस्कार (उ०प्र० सरकार)
- 3- रामायण प्रतियोगिता पुरस्कार- सांस्कृतिक प्रज्ञा संस्थान, बीकानेर
- 4-शहीद कैप्टन राकेश गायन प्रतियोगिता में प्रथम पुरस्कार
- एवं कई अन्य पुरस्कार।
- संपादन- तुलसी साहित्य धारा ई पत्रिका।
- पता- 34/2, लाजपत नगर, एन. एच-2,मथुरा281004(उ०प्र०)
- संपर्क सूत्र- 9259146669
- मेल- anujchaturvedianubhav8888@gmail.com